Erich Rauschenbach

Die Zehn Gebote für gute Deutsche

Eichborn

CIP-Kurztitelaufnahme der Deutschen Bibliothek

Rauschenbach, Erich:
Die zehn Gebote für gute Deutsche / Erich
Rauschenbach. – Frankfurt am Main : Eichborn,
1987.
ISBN 3-8218-1844-1

1. Auflage, Februar 1987
2. Auflage, Juli 1987
3. Auflage, November 1987

 Cover Erich Rauschenbach. Gesamtherstellung: Fuldaer Verlagsanstalt GmbH.
ISBN 3-8218-1844-1. Verlagsverzeichnis schickt gern: Eichborn Verlag, D-6000 Frankfurt 70

Die Zehn Gebote...

1. Ich bin Dein Herr, das Geld.
   Du sollst außer Scheck- und Kreditkarte keine anderen Werte achten neben mir.
2. Du sollst Dir kein falsches Bild von Deiner Zukunft machen.
3. Du sollst Deine gewollte und ungewollte Freizeit sinnvoll nutzen, Dich fit halten, die Freizeitindustrie nach Kräften unterstützen und ihre Produkte heiligen.
4. Du sollst Deinen Vater, Deinen Samenspender, Deine Mutter, eine Leihmutter, Dein Vaterland, Deine Volksvertreter, Deine Vorgesetzten, Deine Schutzmächte und alle Beamten lieben und ehren, auf daß es Dir wohlergehe und Du lange lebest in Freiheit.
5. Du sollst nicht töten, wenn Du dazu nicht eine ausdrückliche Anweisung, Genehmigung oder Billigung der Regierung oder ihrer Behörden hast.
6. Du sollst weder Ehe noch Schwangerschaft abbrechen, sondern Deine ganze Kraft dem Erhalt Deiner Familie und Deines Volkes widmen, so wahr Dir das Familienministerium helfe.
7. Du sollst Dir nicht stehlen lassen
   Dein Haus und Hof (von Kommunisten und Chaoten),
   Deine Frau und Deinen Arbeitsplatz (von Ausländern),
   Deine Steuergelder (von Nichtsnutzen und Parasiten),
   Deinen Nationalstolz (von Nestbeschmutzern),
   Dein Vertrauen in die Selbstheilungskräfte der Marktwirtschaft (von den Sozis)
   usw., usw. . . .
8. Du sollst nicht lügen, außer Du bist Politiker, Unternehmer, Journalist, Demoskop, Beamter oder Kirchenmann.
9. Du sollst als Frau nicht begehren die Privilegien Deines Nächsten, des Mannes.
10. Du sollst nicht neidisch sein auf die wenigen, die mehr haben als Du.

1. Gebot

Ich bin Dein Herr, das Geld.
Du sollst außer Scheck- und Kreditkarte keine anderen Werte achten neben mir.

Na, Süßer, isses mal wieder so weit? Hast du's mal wieder nötig?
GELD-AUTOMAT
Ich hatte ja schon richtig Sehnsucht nach dir! Und dein süßes Kärtchen hast du auch dabei...
GELD-AUTOMAT
Na los, dann stell dich nicht so an! Schieb sie mir schon rein! Aber schön langsam....
GELD-AUTOMAT
Gut machst du das! Sehr gut! Und jetzt steck sie ganz rein... Ahhhh...
GELD-AUTOMAT
Gleich hast du mich so weit! Jetzt brauch ich nur noch dein geheimes Nümmerchen! Ja, du... super...
Weißt du, es ist einfach Wahnsinn, dein Kärtchen so tief in mir drin zu haben! Wahnsinn!
Und jetzt tipp mir ein, wieviel du von mir willst! Sei nicht bescheiden! Lang zu...
Oh, Mann! Bestätige mir das nochmal! Drück da rechts drauf! Feste, du...
GELD-AUTOMAT
Wow, bist du gut! Ich halt's gleich nicht mehr aus! Warte auf mich! Versprich mir's...

Gleich kommt's.... gleich ... jetzt !!! Ahhhhh !
Flop!
Flop
Uff, bin ich alle! Zieh bitte gaaanz langsam raus, hörstu, gaaanz langsam...
Kannst du mir bitte mal verraten, was an diesen Scheiß-Geldautomaten so Besonderes ist, daß du jeden Tag Geld abhebst?!
Na, Süßer, isses mal wieder so weit...

Mein Mann verdient jetzt so viel, daß wir uns eine richtige Sozial-wohnung leisten könnten!

Guten Tag, Herr Baustadtrat, ich möchte Sie gern bestechen.
Aber, verehrter Herr Bauunternehmer! Wo denken Sie hin! Ich bin nicht käuflich.
Das ehrt Sie, mein Lieber. Ich dachte auch nur in einer Größenordnung von Fünfzigtausend...
Nein. Nein. Nein. Da muß ich Sie leider enttäuschen! Ich bin in dieser Beziehung überkorrekt.
Entschuldigen Sie mein Versprechen – man wird alt – ich meinte natürlich Hundert und nicht Fünfzig!
Leider muß ich Sie auch jetzt enttäuschen! Verzeihen Sie bitte meine unhöfliche Direktheit!
Sagte ich Hundert? – Mein Gott, das Alter... Wenn Sie mir nochmals verzeihen – Ich hab ja den Sechszylinder dazu vergessen!
Ich kann nur noch einmal betonen, wie entsetzlich leid es mir tut, Sie enttäuschen zu müssen, aber...
Sind Sie sich überhaupt darüber im klaren, daß Ihr Versuch, mich zu bestechen, strafbar ist?! Es liegt mir natürlich fern, aber Korrekterweise müßte ich Sie jetzt anzeigen...
Was wäre es Ihnen denn wert, wenn ich von einer Anzeige absehe?

Gott zum Gruße! Mein Name ist Luzifer. Ich bin gekommen, um dir deine Seele abzukaufen.
Meine Seele? Soll das ein Witz sein? Wieso denn gerade meine?
Nun, unter uns, wenn du mir vertraust: Gerade deine Seele steht im Augenblick unheimlich hoch im Kurs!
Ehrlich? Ja also, ich weiß nicht - was kriegt man denn heutzutage so dafür?
Als erstes natürlich lebenslanges unverschämtes Glück bei Frauen ...
und als zweites jede Menge Bares! Soviel du haben willst ...

Und jetzt der Clou: Als Zugabe alle Kreditkarten dieser Welt auf deinen Namen ausgestellt!
Wahnsinn! Mach ich doch sofort!!! Was muß ich tun?
Du brauchst nur diesen Vertrag hier mit geschlossenen Augen zwei Mal zu unterschreiben – hier... und hier...
Und jetzt mußt du 10 Tage warten, dann hörst du von mir. Ciao.
Als Buchclub-Vertreter muß man sich heutzutage ganz schön was einfallen lassen.
B-EN 86

Ich bin reich und unglücklich...
und Ihr seid arm und glücklich!
Glaubt mir, ich würde alles dafür geben, um mit Euch zu tauschen...
wenn Ihr bloß nicht so entsetzlich arm wäret!

Ich hungere, weil ich all mein Geld spare, damit ich später mal nicht hungern muß.
HUNGER

2. GEBOT

Du sollst Dir kein falsches Bild von Deiner Zukunft machen.

Wenn du nicht sofort deinen Teller leer ißt, erzähl ich dem Verfassungsschutz, daß du demonstriert hast, und dann kommst du später nicht in den öffentlichen Dienst!

Herzlichen Glückwunsch, Meier! Sie werden es nicht glauben, aber Sie sind ab sofort der genau dreimillionste Arbeitslose!

Im Namen der Geschäftsleitung danke ich Ihnen hiermit für Ihre langjährige, uneigennützige und aufopferungsvolle Tätigkeit am Bildschirmgerät...

Rolf Müller
Streitstr. 18
1000 Berlin 20
ACHTUNG! Dies ist ein
Bewerbungs-KETTENBRIEF!
Sehr geehrte Damen und Herren!
Ich bewerbe mich hiermit bei Ihnen
um eine Lehrstelle.
Sollten Sie meine Bewerbung ablehnen,
müssen Sie diesen Brief 10 x kopieren
und an 10 andere Unternehmen schicken!
Mit freundlichem Gruß!
Rolf Müller
P.S.: WARNUNG!!! Im letzten Jahr
mußte ein größeres Unternehmen,
das sich weigerte, die Kette
fortzusetzen, kurz darauf
Konkurs anmelden!
SEIEN SIE KLÜGER!!!
BEWERBUNGEN
EIN
BEWERBUNGE
AUS

Eine bessere Vorbereitung auf das Berufsleben gibt es für die Schüler gar nicht, Frau Kollegin!
7b
ANWESEND
ABWESEND

Ihr habt heutzutage viel mehr Chancen als wir früher!
Jeder Depp kann heute Bundeskanzler werden!

3. GEBOT

Du sollst Deine gewollte und ungewollte Freizeit sinnvoll nutzen, Dich fit halten, die Freizeitindustrie nach Kräften unterstützen und ihre Produkte heiligen.

Was ist denn mit dir los?
Ich bin fix und fertig!
In den letzten 4 Wochen hab ich keine Nacht richtig geschlafen!
'Ne kaputte Matratze und rund um die Uhr ein höllischer Krach!
Und direkt neben uns 'ne Groß-baustelle!
Und Tag für Tag ein Fraß – ich darf gar nicht dran denken.
Und fast jeden Tag Krach mit meiner Frau...
Das ist ja fürchterlich! Du solltest mal Urlaub machen!
Davon red ich doch die ganze Zeit...
Wir sind seit gestern aus den Ferien zurück!

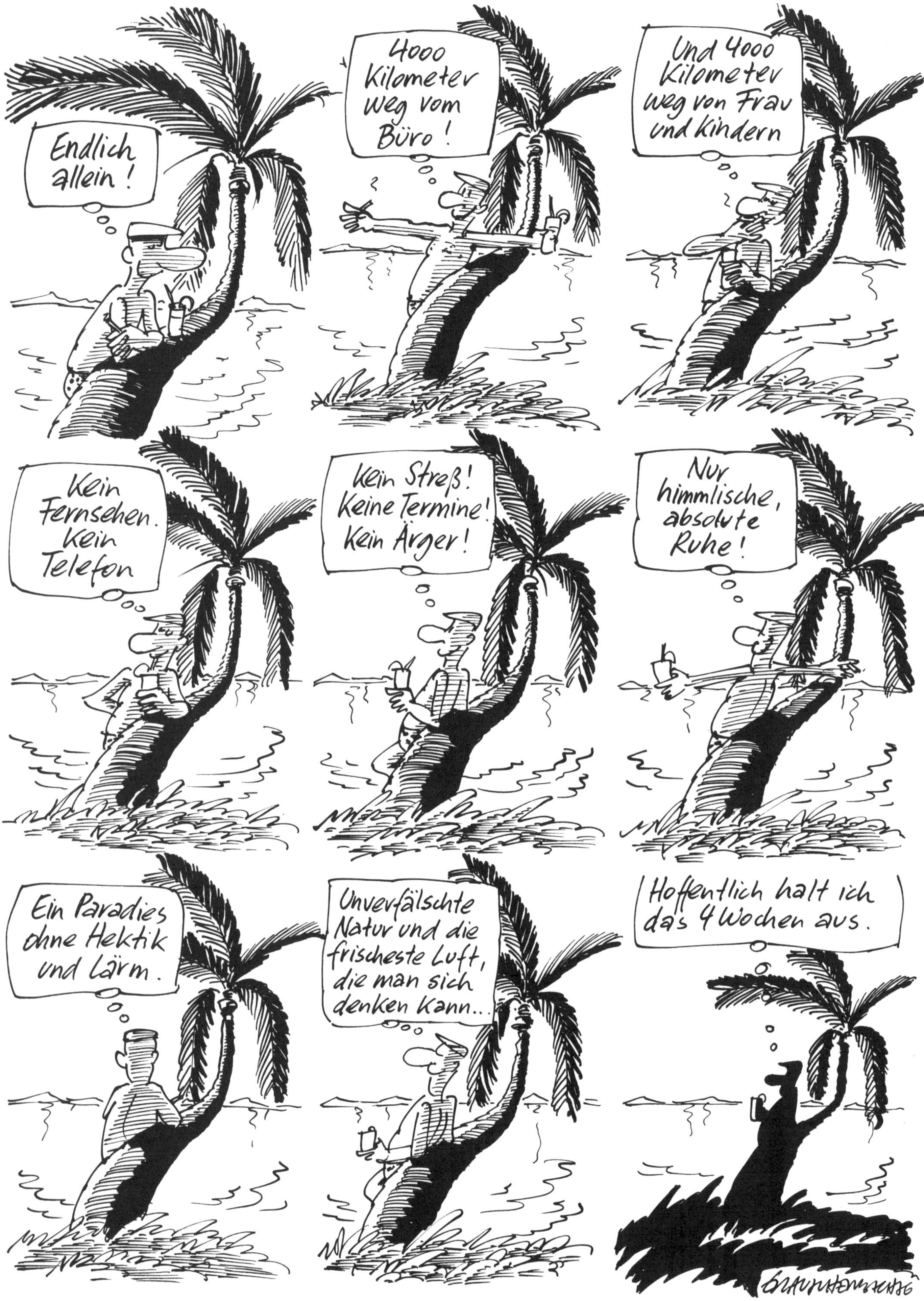
Endlich allein!
4000 Kilometer weg vom Büro!
Und 4000 Kilometer weg von Frau und Kindern
Kein Fernsehen. Kein Telefon
Kein Streß! Keine Termine! Kein Ärger!
Nur himmlische, absolute Ruhe!
Ein Paradies ohne Hektik und Lärm.
Unverfälschte Natur und die frischeste Luft, die man sich denken kann...
Hoffentlich halt ich das 4 Wochen aus.

Bittebitte, lieber Gott, mach, daß sich die weite Reise gelohnt hat, und laß mich zu Hause im Büro brauner sein als alle anderen...

Um die Leute vom Fernsehen & Video weg wieder ins Kino zu holen, haben wir diese konsequente Form des totalen Komfort-Kinos entwickelt

Im Namen des Reiseveranstalters begrüße ich Sie an Bord unseres Clippers, der plangemäß in wenigen Minuten von zwei schwerbewaffneten, fremdländisch aussehenden Männern mit unbekanntem Ziel entführt werden wird, und wünsche Ihnen einen spannenden Abenteuer-Urlaub...

KASSE
ZU DEN EINZELKABINEN
Neu! In- und ausländische Top-Modelle
Alle 10 Minuten ein neues Modell!
Fotografieren verboten
Jede Minute nur 1,- DM
Das ist das Neueste! Die schärfste Peep-show, die es je gab! Endlich eine für richtige Männer!

Trimm dich fit...
für deinen Job!

4. GEBOT

Du sollst Deinen Vater, Deinen Samenspender, Deine Mutter, eine Leihmutter, Dein Vaterland, Deine Volksvertreter, Deine Vorgesetzten, Deine Schutzmächte und alle Beamten lieben und ehren, auf daß es Dir wohlergehe und Du lange lebest in Freiheit.

Ich hab zwar jetzt 'ne eigene Wohnung, aber so richtig unabhängig von meiner Mutter fühle ich mich immer noch nicht...
Schreib ab und zu an Tante Anni! ♡ Mutti
Ruf uns bitte einmal pro Woche an! ♡ Mutti
Komm nicht so spät nach Hause! ♡ Mutti
Rauch und trink nicht so viel ♡ Mutti
Grüße immer Deine Nachbarn! ♡ Mutti
Zieh' Dich immer warm an! ♡ Mutti
Stell die Musik nicht so laut! ♡ Mutti

Hab ich dir eigentlich schon erzählt, daß mein Sohn pervers ist? Stell dir vor – er ist schwul!

Seit ich weiß, daß die amerikanische Rüstung nur zur Abschreckung dient, will ich mal probieren, ob's auch gegen Krähen wirkt.

Kalter Krieger!
Erzreaktionär!
Halsabscheider!
ewig Gestriger!
Ausbeuter!
Lügner!
Schwindler!
Kapitalistenhure!
Korrupter Typ!
Faschist!
Arschloch!
Das „Arschloch" muß ich mir nicht gefallen lassen!!! Das ist eine Beleidigung!!!

Ist dort das Bundespresseamt? Ich habe eben Ihren Katalog mit allen Bundestagsabgeordneten bekommen. Der ist ja unvollständig! Da stehen ja gar keine Preise drin!
Deutscher Bundestag

Ich bin ein Bürger und er ist ein Polizist ...
Als Polizist beschützt er immer die Bevölkerung ...
Alles, was er tut, tut er nur, um irgendjemand zu beschützen!
Jetzt paßt mal auf:
AUSSTIEG AUS DER KERNENERGIE SOFORT!
Seht ihr, jetzt zum Beispiel hat er die Kernkraftwerks-betreiber beschützt.

5. GEBOT

Du sollst nicht töten, wenn Du dazu nicht eine ausdrückliche Anweisung, Genehmigung oder Billigung der Regierung oder ihrer Behörden hast.

So, Jungs, heute hab ich eine gute und eine schlechte Nachricht für Euch...
Zuerst die gute: Wir haben immer noch Frieden, und das bleibt auch so.
Und jetzt die schlechte: Alles, was Ihr bei mir gelernt habt, war leider umsonst.

Das ist 'ne Atom-Stromfabrik
— und dieser Herr macht Politik.
Das Kernkraftwerk ist deutsch und sicher —
und hast du Angst, dann tröstet dich er:
Also, unsere deutschen Kernkraftwerke sind sooo unheimlich sicher....
Und beide ham von Fall zu Fall
— 'nen großen Knall!
RUMMS!
da kann überhaupt nichts passieren!

Die chemische Industrie schafft Arbeitsplätze ...
auch die Auto-Industrie schafft ohne Zweifel Arbeitsplätze ...
sogar die Genußmittel-Industrie schafft Arbeitsplätze ...
und bei den Kernkraftwerken ist es nur eine Frage der Zeit, ...
dann schaffen die mehr Arbeitsplätze als alle anderen zusammen!
Wir stellen ein:
SARGTISCHLER
LEICHENWÄSCHER
TOTENGRÄBER

...und als die böse Stiefmutter merkte, daß Schneewittchen hinter den sieben Bergen bei den sieben Zwergen immer noch lebte ....
verkleidete sie sich als Bauersfrau, ging zu Schneewittchens Haus und schenkte ihr einen vergifteten Apfel ...
Wie hat man denn früher Obst vergiftet...
als es noch keine Chemie und keine Kernkraftwerke gab?

Heute morgen gelang es der Polizei erneut, einen mutmaßlichen Terroristen dingfest zu machen. Der etwa Dreißigjährige, dessen Identität noch nicht feststeht, wurde im Verlauf eines heftigen Feuerwechsels tödlich getroffen...
... über die Identität des mutmaßlichen Terroristen, der heute morgen bei einer wilden Schießerei tödlich verletzt wurde, sind die Polizei und das Bundeskriminalamt immer noch im ungewissen...
... wie wir bereits berichteten, kam heute morgen ein junger Mann bei einem Schußwechsel mit der Polizei ums Leben. Es soll sich um einen Angehörigen der Terroristenszene handeln...
... über den Tod des mutmaßlichen Terroristen liegen bereits nähere Informationen vor. Der Mann zog während einer polizeilichen Kontrolle plötzlich eine Waffe. Einer der Polizisten erschoß ihn in akuter Notwehr...
... über den Zwischenfall heute morgen berichteten Zeugen übereinstimmend, daß der als Terrorist verdächtigte auf die Aufforderung der Polizei, die Papiere zu zeigen, in die Jackentasche griff, als sich der Schuß löste...
... mittlerweile steht auch die Identität des heute morgen tödlich Verunglückten fest. Ein direkter Kontakt zur Terroristenszene konnte bei ihm nicht festgestellt werden. Der Polizist, verheiratet und Vater dreier Kinder, wurde mit einem Schock ins Krankenhaus eingeliefert...

„Zwei Jahre", ruft der Polizist, „kriegt man, bloß weil man wen erschießt ?!"
„Zwei Jahre Knast für einen Toten? Das war doch bisher nie verboten!"
„Darf man denn niemand mehr erschießen? Wollt ihr uns uns'ren Job vermiesen?"
„Wo bleibt da die Gerechtigkeit?" Der Polizist tut uns sehr leid!

6. GEBOT

Du sollst weder Ehe noch Schwangerschaft abbrechen, sondern Deine ganze Kraft dem Erhalt Deiner Familie und Deines Volkes widmen, so wahr Dir das Familienministerium helfe.

Jetzt bin ich ja schon mal unheimlich gespannt, was du dir heute ausgedacht hast, um dich vor deinene ehelichen Pflichten zu drücken...
Flugticket

Was heißt denn „Erregung öffentlichen Ärgernisses"?! Wir nehmen sie nur mit, wenn sie Ausländer sind oder Verhütungsmittel benutzen!

Mir reicht's! Ich hab die Schnauze voll! Ich hau ab!
Und wenn du's genau wissen willst – dieses Mal geh' ich fremd! Und zwar richtig!
Blamier mich nicht und benimm dich! Bist du auch rasiert und gewaschen? Hast du saubere Unterwäsche? Komm bitte nicht allzu spät wieder.

Deutschland braucht Bayern!

Als Arzt kann ich Ihnen guten Gewissens natürlich nur raten, Ihr Kind auszutragen...
Aber als Unternehmer hätte ich auch nichts gegen einen kleinen Schwanger-schafts-abbruch...

7. GEBOT

Du sollst Dir nicht stehlen lassen
Dein Haus und Hof (von Kommunisten und Chaoten),
Deine Frau und Deinen Arbeitsplatz (von Ausländern),
Deine Steuergelder (von Nichtsnutzen und Parasiten),
Deinen Nationalstolz (von Nestbeschmutzern),
Dein Vertrauen in die Selbstheilungskräfte der Marktwirtschaft
(von den Sozis) usw., usw. . . .

Habe nun, ach, Steuervorteile, Staatsbürgerschaften und -garantien, ...
Investitionszulagen und Sonderabschreibungen durchaus schon erhalten oh'n großes Bemühn ....
Da sitz ich nun, ich armer Tor, und brauch mehr Kohle als je zuvor !...
Heiße „Freier Unternehmer", heiße „Stütze des Systems" sogar - und ziehe schon an die zwanzig Jahr...
herauf, herab und quer und krumm das Finanzamt an der Nase herum...
Und sehe, daß wir schon wieder Arbeitsplätze nicht halten können. Das will mir schier das Herz verbrennen!
Aber warum sagen Sie denn nicht gleich, daß es Ihnen nur um den Erhalt der Arbeitsplätze geht?! An welche Subventions-Höhe haben Sie denn dieses Mal gedacht?

Das ist Kurt, ein Arbeiterkind und ein notorischer Meckerer, Drückeberger und Schnorrer.
Nur um sich vor dem Arbeiten zu drücken, ging Kurt Tag für Tag zur Schule – jahrelang!
Diese Faulheit unterstützte die Regierung auch noch, indem sie ihm Monat für Monat BAFÖG-Unterstützung zahlte!
Obwohl Kurt davon in Saus und Braus lebte, wußte er schon bald nicht mehr, wohin mit dem vielen geschenkten „BAFÖG"-Geld ....
Schon nach einem Jahr war er so reich, daß er nicht mehr einsah, wieso er überhaupt noch länger zur Schule gehen sollte ...
Er legte sein Geld in Immobilien an, kaufte von den Zinsen eine kleine Insel und wurde ein auf ewig arbeitsloser Nichtsnutz und Parasit, der natürlich nie eine Lehrstelle fand!
Und das alles von unseren Steuergeldern!!!

FREIHEIT STATT ÜBER-WACHUNGS-STAAT!
Hilfäää – ein Kommunist!!!

Deutschland, De
über alles
über alles in der
Dre
gete
nie
mal

Unglaublich! Die Türkin von nebenan ist schon wieder schwanger...
MONIKA
Auf geht's Elfriede, denen werden wir's zeigen!

Elender Dieb!
Scheißbulle!
Schmarotzer an der Gesellschaft!
Lakai der Herrschenden!
Noch ist das Eigentum bei uns gesetzlich geschützt!
Eigentum ist Diebstahl!
Wer sein Geld anständig verdienen will, findet auch eine Möglichkeit!
Von allen Lastern ist Anstand das kostspieligste!
Unrecht Gut gedeihet nicht!
Geld regiert die Welt!
Geld allein macht nicht glücklich!
Aber es beruhigt!
Diebstahl ist nicht nur ungesetzlich, sondern auch unmoralisch!
Nur die kleinen Diebe hängt man, die großen läßt man laufen!
Seit unsere Polizei psychologisch geschult wird, ist eine Verhaftung auch nicht mehr das, was sie früher mal war.
SCHMUCK & JUWELEN

8. Gebot

Du sollst nicht lügen, außer Du bist Politiker, Unternehmer, Journalist, Demoskop, Beamter oder Kirchenmann.

Ich bin damals nur in die Politik gegangen, um so schnell wie möglich an die dicke Kohle zu kommen!
Von wegen „dem Volke dienen" und so... Da kann ich doch nur kichern!
Ihr könnt euch gar nicht vorstellen, was man so alles reingesteckt bekommt, wenn man bestimmten Leuten ein paar Gefallen tut..
Und Karriere hätte ich in jeder Partei gemacht! Ob „links", „rechts" oder „Mitte" – das ist mir piepegal!
„Wer zahlt, kann auf mich zählen" – das ist mein politisches Credo!
Und was euren sogenannten „Wählerwillen" angeht – das wißt ihr doch selbst am besten, daß das nur Kokolores ist! Stimmt's?
Seine Wiederwahl ist so gut wie sicher. Er ist die mit Abstand ehrlichste Haut, die wir hier je als Kommunalpolitiker hatten.

Welches Märchen liest du mir denn heute daraus vor?
GRUNDGESETZ für die Bundesrepublik Deutschland

WEG MIT DEN ATOM-RAKETEN!
Könnten Sie mal kurz das Schild weglegen und mit dem Stein werfen? Ich brauch'n paar Fotos.
PRESSE

Um Jhre Politik zu charakterisieren, sage ich nur: „Ständig steigende Arbeitslosigkeit"!
Dann sage ich: „Sozialabbau"!
Und ich sage darauf nur: „Erblast! Erblast"!
Und ich: „Kommunistische Gleichmacherei"!
PARTEIEN VOR DER WAHL
DAS STREITGESPRÄCH
„Die Reichen werden immer reicher"!
„Leistung muß sich wieder lohnen"!
„Revanchisten"!
„Helfershelfer Moskaus"!
„Speichelleckerei bei den USA"!
„Antiamerikanismus"!
„Atomwirtschafts-Lobbyisten"!
„Maschinenstürmer"!
„Rüstungswahnsinn"!
„Sicherheitsrisiko"!
„Geldwaschanlagen"! „Steuerhinterziehung"!
„Ämterfilz"! „Parteibuchwirtschaft"!

Meine Herren, die Zeit drängt leider. Im Namen der Zuschauer danke ich Ihnen für diese leidenschaftliche und sachliche Diskussion. Darf ich Sie alle drei um ein kurzes, abschließendes Wort bitten? Vielleicht zuerst der Herr in der Mitte...
EN WAHL
DAS STREITGESPRÄCH
Schluß mit den Sprüchen! Auf die Dauer hilft nur Power!
Wählen Sie nicht diese sprücheklopfenden Chaoten – wählen Sie uns!
PARTEIEN VOR DER WAHL
DAS STREITGESPRÄCH

„80% aller Bundesbürger haben uneingeschränktes Vertrauen in die Nutzung der Atomkraft...
und sind überzeugt, daß die deutschen Kraftwerke die sichersten der Welt sind!"
Das ist das eindeutige Ergebnis einer Meinungs-umfrage...
die unser Institut im Auftrag der Kernkraft-werkbetreiber durch-führen soll!

Was Gott tut, ist wohlgetan!
Wer's glaubt, wird selig!

9. GEBOT

Du sollst als Frau nicht begehren die Privilegien Deines Nächsten, des Mannes.

... denn ...
... die ...
.... Macht ...
.... der .....
... Schwänze ...
... hat ...
...ihre ...
...Grenze!
Bravo, Mäuschen, große Klasse! Daraus machen wir 'nen irren Hit!

Machen wir was zusammen?
Ich verbinde dir die Augen und wir spielen „Blinde Kuh"...
Ich hab 'ne bessere Idee: Ich verbinde dir die Augen...
und wir spielen „Blinder Ochse".

Wenn man bedenkt – früher mußten die Frauen ganz passiv darauf warten, daß ein Kerl, der ihnen gefiel, sie endlich aufforderte...
Wohingegen wir sie heutzutage von uns aus anmachen, wenn sie uns irgendwie zu verstehen gegeben haben, daß sie's wollen!

Selbstverständlich macht unsere Firma bei der Vergabe der Lehrstellen keinen Unterschied zwischen jungen Damen und jungen Männern.
Weil Sie nun beide die Prüfung hervorragend bestanden haben, bitte ich Sie, mir noch je eine Frage zu beantworten, damit ich mich objektiv für einen entscheiden kann...
Die Frage an die junge Dame lautet: Wenn ein Flugzeug direkt von Rio de Janeiro nach Oslo fliegt, in welchem Winkel kreuzt es den Äquator?
Und die Frage an den jungen Mann lautet: Wieviel ist 2 × 2?

Wenn man, wie ich, diesen Job lange Jahre macht, fragt man sich irgendwann, woher Ihr wegen dieser Lappalie die Arroganz nehmt, alles besser zu können.

Bei Ausländern, die uns die Arbeitsplätze wegnehmen, gibt's für mich nur eins: Zurück in die Heimat!
Aber wohin, um's Verrecken, sollen wir alle Frauen abschieben, wenn die jetzt auch noch damit anfangen?!
Schluß mit der Diskriminierung am Arbeitsplatz! Für Quotierung!

Seit Jahrhunderten macht er schon den Job mit schlichtweg katastrophalen Ergebnissen – sowas kann sich auf Dauer nur ein Mann erlauben!

10. GEBOT

Du sollst nicht neidisch sein auf die wenigen, die mehr haben als Du.

MODEHAUS
MÖBEL SCHULZ
MEIER
Aber nein, Herr Polizeipräsident – ich finde, wer das ganze Jahr über brav und fleißig arbeitet, soll ruhig auch ein Mal im Jahr demonstrieren dürfen!

Mein Zuhause!
Meine Gemälde-sammlung!
Meine Oldtimer!
Mein Ferienhäuschen!
Verderben Sie sich doch nicht den Spaß am Leben, indem Sie immer nur an Geld denken! Machen Sie's wie ich – freuen Sie sich an all den anderen schönen Dingen, die das Leben sonst noch zu bieten hat!
WIR WOLLEN MEHR GELD!

Gleiches Recht für alle! Nieder mit dem Staatsmonopol-kapitalismus!
Für eine menschlichere Gesellschaft! Enteignet die Wirtschafts-bosse und Schmarotzer!
Vence-remos!
So ein revolutionärer Akt von Zeit zu Zeit befreit ungemein!

Temperieren Sie bitte den pool, Johann.
Sehr wohl, gnä'Frau.
Alle Bäder stehen still, wenn dein starker Strahl es will!

Echt, du, ich bin unheimlich neidisch auf dich, weil du dir Champagner und Havannas leisten kannst!
Und ich bin unheimlich neidisch, weil du so wahnsinnig teure Klamotten hast!
Und ich bin auch neidisch auf deine Villa und deine diversen Urlaubshäuser im Süden!
Und neidisch bin ich auch auf deine 4 Autos mit eigenem Chauffeur!
Und ich bin neidisch, weil du so stinkreich bist, daß du nie wieder über Geld nachdenken mußt im Leben!
Und dann bin ich noch neidisch, daß du mein Boß bist und ich für dich malochen muß! So!
Du solltest dich schämen. Neid ist eine böse, böse Sache. Nimm dir ein Beispiel an mir:
Ich bin auf dich überhaupt nicht neidisch.

Der Zeichner
Jahrgang '44, seit '53 (West-)Berliner, '63 Abitur, bis '66 Banklehre, bis '69 Studium an der PH, dann Hochschule der Künste, Abschluß '73. Seither freiberuflicher Zeichner für zahlreiche Zeitungen und Zeitschriften, auch Schulbuch-Illustrationen. Er veröffentlichte zahlreiche Bücher (Rotfuchs, Lappan, Elefantenpress).

Mehr von Rauschenbach bei Eichborn